歷代名畫記

歴代名畫記卷五

唐 張彥遠 撰

晉

明帝司馬紹字道畿 下品上 元帝長子幼異有對日之奇及長善書畫有識鑒最善畫佛像蔡謨集云帝畫佛於樂賢堂經歴寇亂而堂獨存顯宗効著作為頌大寧中年二十七謚曰明帝廟號肅祖 見晉書 謝云雖畧於形色頗得神氣筆迹超越 彥遠曾見晉帝毛詩圖舊目云羊欣題字驗其迹乃子敬也豳詩七月圖毛詩圖二列女二史記列女圖二雜鳥獸五游清池圖息徒蘭圃圖雜畏鳥圖洛神賦圖遊獵圖雜禽獸圖東王公西王母圖洛中貴戚圖穆王宴瑶池圖漢武回中圖瀛州神圖人物風土圖傳於代又畫列女禹會塗山殷湯伐桀圖

荀勗字公曽 中品下 潁川人多才藝善書畫在魏為大將軍掾入晉為侍中中書監濟北侯光禄大夫尚書令太康十年贈司徒謚曰成鍾會嘗詐作勗書就勗母取寶劍會于時方造宅勗潛畫會祖父形於壁會兄弟入門

見之感慟乃廢宅昂書亦會之比也見魏志及劉義慶世說有大列女圖

小列女圖謝云荀與張墨同品在第一品衛協下顧駿之上

張墨下品謝赫云與荀勗並風範氣韻極妙參神但取精靈遺其骨法若拘以體物則未覩精奥若取其意外則方厭膏腴可與知音說難與俗人道屏風一維摩詰象雜白畫一檮練圖傳於代

衛協上品下抱朴子云衛協張墨並為畫聖孫暢之述畫云上林苑圖協之迹最妙又七佛圖人物不敢點眼睛

顧愷之論畫云七佛與大列女皆協之迹偉而有情勢毛詩北風圖亦協手功密於情思此畫短卷八分題元和初宗人張惟素將來余大父答以名馬并絹二百疋惟素後却索將貨與韓侍郎愈之子昶借與故相國鄒平段公家以模本歸於昶彥遠會昌元年見段家本後又於襄州從事見韓家本謝赫云古畫皆畧至協始精六法頗為兼善雖不備該形似而妙有氣韻凌跨羣雄曠代絕筆在第一品曹不興下張墨荀勗上李嗣真云

衛之迹雖有神氣觀其骨節無累多矣顧生天才傑出何區區荀衛敢居其上彦遠以衛協品第在顧生之上初恐未安及覽顧生集有論畫一篇歎服衛畫北風列女圖自以為不及則不妨顧在衛之下荀又居顧之上則未敢知（詩北風圖史記伍子胥圖醉客圖神仙畫張儀像鹿圖詩黍稷圖史記列女圖白畫上林苑圖卞莊子刺虎圖吳王舟師圖並傳於代又有小列女楞嚴七佛）

王廙字世將（上品上）瑯琊臨沂人善屬詞工書畫過江後為晉代書畫第一音律衆妙畢綜元帝時為左衛將軍

封武康侯時鎮軍謝尚於武昌樂寺造東塔戴若思造造西塔並請廙畫王敦用廙為平南將軍荊州刺史護南蠻校尉贈侍中年四十七（見晉書及何法盛晉中興書）廙畫為晉明帝師書為右軍法時右軍亦學畫於廙廙畫孔子十弟子贊云余兄子羲之幼而岐嶷必將隆余堂構今始年十六學藝之外書畫過目便能就余請書畫法余畫孔子十弟子圖以勵之嗟爾羲之可不勗哉畫乃吾自畫書乃吾自書吾餘事雖不足法而書畫固可法欲汝

學書則知積學可以致遠學畫可以知師弟子行己之道又各爲汝贊之（見庾本集有異獸圖列女仁智圖獅子擊象圖吳楚放牧圖魚龍戲水絹圖村社齊屏風屏兕圖並傳於代）

王羲之字逸少（中品下）庾從子也風格爽舉不顧常流書旣爲古今之冠晃丹青亦妙官至右軍將軍會稽內史升平五年卒年五十九贈金紫光祿大夫（見晉書雜獸圖臨鏡自寫真圖扇上畫小人物傳於前代）

羲之子獻之字子敬（中品下）少有盛名風流高邁草隸繼

父之美丹青亦工桓溫嘗請畫扇誤落筆因就成烏駁牸牛極妙絕又書牸牛賦於扇上此扇義熙中猶在官至中書令太元十一年卒年四十三贈侍中特進光祿大夫太宰謚曰憲（見孫暢之述畫記彥遠按俗稱逸少爲大令子敬爲小令非也子敬爲中書令年四十三族弟珉代居之珉年三十八子敬大令也季琰乃小令也逸少官不至中書令不可呼爲大令也）

康昕字君明（下品）外國胡人或云義興人書類子敬亦比羊欣曾潛易子敬題方山亭壁子敬初不疑之畫又爲

妙絕官至臨沂令（孫暢之云勝楊惠五獸圖傳於代）

顧愷之字長康小字虎頭（上品上）晉陵無錫人多才藝尤工丹青傳寫形勢莫不妙絕劉義慶世説云謝安謂長康曰卿畫自生人以來未有也（又云卿畫蒼頡古來未有也）曾以一厨畫暫寄桓元皆其妙迹所珍祕者封題之元開其後取之詐言不開愷之不疑是竊去直云畫妙通神變化飛去猶人之登仙也故人稱愷之三絕畫絕才絕癡絕又常悦一隣女乃畫女於壁當心釘之女患心痛告於

長康拔去釘乃愈（此一節事亦見劉義慶與幽明録而小不同云思江陵義女畫像簪之於壁玩之亦出搜神記也）嘗欲寫殷仲堪眞仲堪素有目疾固辭長康曰明府當緣隱眼也若明點瞳子飛白拂上使如輕雲蔽月畫人嘗數年不點目睛人問其故答曰四體妍蚩本亡關於妙處傳神寫照正在阿堵之中又畫裴楷眞頰上加三毛云楷俊朗有識具此正是其識具觀者詳之定覺神明殊勝重嵇康四言詩畫爲圖常云手揮五絃易目送歸鴻難又畫謝幼輿於一巖裏人問所以

顧云一丘一壑自謂過之此子宜置巖壑中又常畫中興帝相別像妙極一時著魏晉名臣畫贊評量甚多又有論畫一篇皆模寫要法義熙初為散騎常侍見晉史中興書檀道鸞續晉陽秋劉義慶世說及顧集建康實録云謝赫論江左畫人吳曹不興晉顧長康宋陸探微皆為上品餘皆中下品連五十尺絹畫一像心敏手運須臾立成頭面手足胸臆肩背亡遺失尺度此其難也曹不興能之長康又曾於瓦棺寺北小殿畫維摩詰畫訖光彩耀目數日京師寺

記云興寧中瓦棺寺初置僧衆設會請朝賢鳴刹注疏其時士大夫莫有過十萬者既至長康直打刹注百萬長康素貧衆以為大言後寺衆請勾疏長康曰宜備一壁遂閉戶往來一月餘日所畫維摩詰一軀工畢將欲點眸子乃謂寺僧曰第一日觀者請施十萬第二日可五萬第三日可任例責施及開戶光照一寺施者填咽俄而得百萬錢劉義慶世說云桓大司馬每請長康與羊欣論書畫竟夕忘疲孫暢之述畫記云畫冠冕而亡

面貌勝於戴逵謝赫云深體精微筆亡妄下但迹不逮意聲過其實在第三品姚曇度下毛惠遠上李嗣真云顧生天才傑出獨立亡偶何區區荀衛而可濫居篇首不興又處顧上謝評甚不當也顧生思侔造化得妙物於神會足使陸生失步荀侯絕倒以顧之才流豈合甄於品彙列於下品尤所未安今顧陸請同居上品彥遠以本評繪畫豈問才流李大夫之言失矣姚最云顧公之美獨擅往策荀衛曹張方之蔑然如負日月似得神明慨抱玉之徒勤悲曲

高而絕唱分庭抗禮未見其人謝云聲過其實可為於邑張懷瓘云顧公運思精微襟靈莫測雖寄迹翰墨其神氣飄然在煙霄之上不可以圖畫間求象人之美張得其肉陸得其骨顧得其神神妙亡方以顧為最喻之書則顧陸比之鍾張僧繇比之逸少俱為古今之獨絕豈可以品第拘謝氏黜顧未為定鑒梁書外域傳獅子國晉義熙初獻一玉像高四尺二寸玉色特異制作非人工力歷晉宋朝在瓦棺寺寺內有戴安道手制佛五軀及長康所畫維摩詰時稱三絕齊東昏侯取玉像為寵妃釵釧俄爾而東昏侯暴卒顧畫有異獸古人圖桓玄溫像桓玄像蘇

門先生像中朝名圖謝安像阿谷處女扇畫招隱鵝鵠圖筍圖王安期像列女仙白麻紙三獅子晉帝相列像阮修像阮咸像十一頭獅子白麻紙司馬宣王像一素一紙劉牢之像虎射雜鷙鳥圖廬山會圖水府圖司馬宣王并魏二大子像凫雁水鳥圖列仙畫木雁圖三天女圖行三龍圖絹六幅圖山水古賢榮啟期夫子阮湘并水鳥屏風桂陽王美人圖蕩舟圖七賢陳思王詩並傳於後代

顧愷之論畫曰 凡畫人最難次山水次狗馬臺榭一定器耳難成而易好不待遷想妙得也此以巧歷不能差其品也

小列女 面如恨刻削為容儀不盡生氣又插置大夫支體不以自然然服章與衆物既甚奇作女子尤麗衣髻俯仰中一點一畫皆相與成其艷姿且尊卑貴賤之形覺然易了難可遠過之也

周本記 重疊彌綸有骨法然人形不如小列女也

伏羲神農 雖不似今世人有奇骨而

美美好神屬冥芒居然有得一之想

漢本記 季王首也有天骨而少細美至於龍顏一像超豁高雄覽之若面也

孫武 大荀首也骨趣甚奇二婕以憐美之體有驚劇之則若以臨見妙裁尋其置陳布勢是達畫之變也

醉客 作人形骨成而制衣服慢之亦以助醉神耳多有骨俱然藺生變趣作作者矣

穰苴 類孫武而不如

壯士 有奔騰大勢恨不盡激揚之態

列士 有骨俱然藺生恨急烈不似英賢之概以求古人未之見也於秦王之對荊卿及復大閣凡此類雖美而不盡善也

二馬 雋骨天奇其騰罩如躡虛空於馬勢盡善也

東王公 如小吳神靈居然為神靈之器不似世中生人也

七佛及夏殷與大列女 二皆衛協手傳而有情勢

北風詩 亦衛手巧密於精思名作然未離南中南中像興即形布施之象轉不可同年而語矣美麗之形尺寸之制陰陽之數纖妙之跡世所並貴神儀在心而

手稱其目者玄賞則不待喻不然真絕夫人心之達不可或以衆論執偏見以擬通者亦必貴觀於明識夫學詳此思過半矣

清遊池 不見金鎬作山形勢者見龍虎雜獸雖不極體以為舉勢變動多方

七賢 唯嵆生一像欲佳其餘雖不妙合以比前諸竹林之畫莫能及者

嵆輕車詩 作嘯人似人嘯然容悴不似中散處置意事既佳又林木雍容調暢亦有大趣

陳太丘二方 太丘夷素似古賢二方為爾耳

嵆興 如其人

臨深履薄 競戰之形異佳有裁自七賢以來並戴手也

又愷之魏晉勝流畫讚曰凡將摹者皆當先尋此要而後次以即事凡吾所造諸素幅皆廣二尺三寸其素絲邪者不可用久而還正則儀容失以素摹素當正掩二素任其自正而下鎮使莫動其正筆在前運而眼向前視者則新畫近我矣可常使眼臨筆止隔紙素一重則所摹之本遠我耳則一摹蹉積蹉彌小矣可令新迹掩本迹而防其近內防內若輕物宜利其筆重宜陳其迹各以全其想譬如畫山迹利則想動傷其所以疑用筆或好婉則於折楞不雋或多曲取則於婉者增折不兼之異難以言悉輪扁而已矣寫自頸已上寧遲而不雋不使遠而有失其於諸像則像各異迹皆令新迹彌舊本若長

短剛軟深淺廣狹與點睛之節上下大小醲薄有一毫小失則神氣與之俱變矣竹木土可令墨彩色輕而松竹葉醲也凡膠清及彩色不可進素之上下也若良畫黃滿素者寧當開際耳猶於幅之兩邊各不至三分人有長短今既定遠近以矚其對則不可改易濶促錯置高下也凡生人亡有手揖眼視而前亡所對者以形寫神而空其實對荃生之用乖傳神之趨失矣空其實對則大失對而不正則小失不可不察也一像之明昧不

若悟對之通神也又畫雲臺山記曰山有面則背向有影可令慶雲西而吐於東方清天中凡天及水色盡用空青竟素上下以暎日西去山別詳其遠近發迹東基轉上未半作紫石如堅雲者五六枚夾岡乘其間而上使勢蜿蟺如龍因抱峯直頓而上下作積岡使望之蓬蓬然凝而上次復一峯是石東鄰向者峙峭峯西連西向之丹崖下據絕磵畫丹崖臨澗上當使赫巘隆崇畫險絕之勢天師坐其上合所坐石及廕宜磵中桃傍生

石問畫天師瘦形而神氣遠據磵指桃迴面謂弟子弟子中有二人臨下到身大怖流汗失色作王良穆然坐答問而超昇神爽精詣俯眄桃樹又別作王趙趨一人隱西壁傾巖餘見衣裾一人全見室中使輕妙泠然凡畫人坐時可七分衣服彩色殊鮮微此正益山高而人遠耳中段東面丹砂絕嶂及廕當使嵃峻高驪孤松植其上對天師所壁以成磵磵可甚相近相近者欲令雙壁之內悽愴澄清神明之居必有與立焉可於次峯頭

作一紫石亭立以象左闕之夾高驪絕嶂西通靈臺以表路路左闕峯似巖為根根下空絕并諸石重勢巖相承以合臨東磵其西石泉又見乃因絕際作通岡伏流潛降小復東出下磵為石瀨淪沒于淵所以一西一東而下者欲使自然為圖雲臺西北二面可一圖岡繞之上為雙碣石象左右闕石上作狐遊生鳳當婆娑體儀羽秀而詳軒尾翼以眺絕磵後一段赤岓當使釋弁如裂電對雲臺西鳳所臨壁以成磵磵下有清流其側

壁外面作白虎匍石飲水後為降勢而絕凡三段山畫之雖長當使畫甚促不爾不稱鳥獸中時有用之者可定其儀而用之下為磵物景皆倒作清風帶山下三分倨一以上使耿然成二重（已上並長康所著因載于篇自古相傳脫錯未得妙本勘按）

史道碩（上品下）孫暢之云道碩兄弟四人並善畫道碩工人馬及鵞謝云碩與王微並師荀衛王得其意史傳其似（古賢圖金谷圖鵝圖牛圖七賢圖七命圖蜀都賦圖三馬圖八駿圖服乘箴圖酒德頌圖琴賦圖嵇中散詩圖田家十月圖馬圖王駿戈船圖梵僧圖燕人送荊軻圖並傳於代）

謝稚（下品）陳郡陽夏人初為晉司徒主簿入宋為寧朔將軍西陽太守（宋鄧琬傳有稚子列女康侯像列女母儀圖列女貞節圖列女賢明圖列女仁智圖列女傳一遊仙翡翠篇列女辯通圖三馬伯樂圖灘瀨圖孝子圖十弟子圖三牛圖濠梁圖輕車迅邁圖列女畫秋興圖孝經圖列女圖大列女圖康侯圖晉宣王及魏名臣像雜畫一楚令尹泣岐蛇圖孟母圖遊仙圖春王遊海圖洛陽門翻車併水圖汾陰鼎圖狩河陽圖並傳於代）

夏侯瞻（下品）謝云氣韻不足精密有餘擅名當代事非虛美在第三品毛惠遠下戴逵上（郢匠圖高士圖倭山圖楚人祠鬼神圖傳於代）

嵇康字叔夜譙國銍人能屬詞善鼓琴工書畫美風儀在魏拜中散大夫入晉不仕自以高潔難期所與神交者唯王戎山濤等爲竹林七賢而已性巧絶與向秀共鍜於柳樹下鍾會貴公子也往訪之康不禮焉會構禍康於文帝時年四十見晉書獅子擊象圖巢由圖傳於代

温嶠字太真太原祁人秀朗有才鑒善畫明帝時官至平南將軍江州刺史年四十二贈侍中大將軍追封始安公謚曰武見孫暢之畫記晉文

謝巖曹龍丁遠楊惠江思遠已上五人兼見孫暢之畫記思遠陳留圉人有孝行高節征西將軍庾亮請爲儒林參軍其他辟召皆不就年四十九有傳

王濛字仲祖晉陽人放誕不羈書比庾翼丹青甚妙頗希高達常往驢肆家畫轜車自云我嗜酒好肉善畫但人有飲食美酒精絹我何不往也特善清言爲時所重卒時年三十九官至司徒左長史晉書有傳事見中興書

戴逵字安道譙郡銍人幼有巧慧聰悟博學善鼓琴工

書畫為童兒時以白瓦屑雞卵汁和溲作小碑子為鄭玄碑時稱詞美書精器度巧絕其畫古人山水極妙十餘歲時於瓦棺寺中畫王長史見之云此兒非獨能畫終享大名吾恨不得見其盛時逵嘗就范宣學范見逵畫以為亡用之事不宜虛勞心思逵乃與宣畫南都賦范觀畢嗟歎甚以為有益乃亦學畫逵既巧思又善鑄佛像及雕刻曾造無量壽木像高丈六并菩薩逵以古制朴拙至於開敬不足動心乃潛坐帷中密聽衆論所

聽褒貶輙加詳研積思三年刻像乃成迎至山陰靈寶寺郄超觀而禮之撮香誓曰云云既而手中香勃然煙上極目雲際前後徵拜終不起太元二十一年也見晉書及宋書及逵別傳徐廣晉記會稽記郭子劉義慶世說宋朝臨川王冥驗記此像今在越州嘉祥寺今亦有逵手鑄銅佛并二菩薩在故洛陽城白馬寺隋文帝自荊南興皇寺取來謝云情韻綿密風趣巧拔善圖賢聖百工所範荀衛之後實稱領袖劉義慶云戴公從東出謝大傅往見之謝本輕戴見之但論琴書而已戴亡吝色而說琴畫愈妙謝知其量又戴安道

中年畫行像甚精神庾道秀看之語戴云神猶太俗益
卿世情未盡耳戴云惟務光當免卿此語耳務光者夏時人也耳
長七寸好鼓琴服蒲韭根湯將伐桀謀於光光曰非吾
事也湯曰伊尹何如光曰强力忍詬不知其他湯克桀
以天下讓於光光曰吾聞亡道之世不踐其土況讓我
乎沈石自流於廬水見列仙傳戴逵畫有阿谷處女圖
孫綽高士像胡人弄猿畫濠梁圖董威輦詩圖孔子弟
子圖金人銘三馬伯樂圖三牛圖尚子平白畫嵇阮像
嵇阮十九首詩圖五天羅漢圖漁父圖獅子圖
吳中溪山邑居圖杜征南人物圖並傳前代
逵子勃下品有父風孫暢之云山水勝顧晉義熙初以散
騎郎徵不至見宋書有曹長孺像三馬圖九州名山圖
泰皇東游圖朝陽谷神圖風雲水月圖已

上並傳於前代
勃弟顒字仲若巧思亦逵之流一門隱遁高風振於晉
宋傳父之琴書丹青亦所徵辟並不起宋太子鑄丈六
金像於瓦棺寺像成而恨面瘦工人不能理乃迎顒問
之曰非面瘦乃臂胛肥既鑢音慮減臂胛像乃相稱時人
服其精思年六十四見宋書隱逸傳及王智深宋記
彥遠曰漢明帝夢金人長大頂有光明以問羣臣或曰
西方有神名曰佛長丈六黃金色帝乃使蔡愔取天竺

國優塡王畫釋迦倚像命工人圖於南宮清凉臺及顯節陵上以形制古朴未足瞻敬阿育王像至今亦有存者可見矣後晉明帝衞協皆善畫像未盡其妙洎戴氏父子皆善丹青又崇釋氏範金賦采動有楷模至如安道潛思於帳内仲若懸知其臂胛何天機神巧也其後北齊曹仲達梁朝張僧繇唐朝吳道玄周昉各有損益聖賢肹蠁有足動人瓔珞天衣創意各異至今刻畫之家列其模範曰曹曰張曰吳曰周斯萬古不易矣

歷代名畫記卷五

歷代名畫記卷六

唐　張彥遠　撰

宋

陸探微（上品上）吳人也宋明帝時常在侍從丹青之妙最推工者（宋書有名）謝赫評云畫有六法自古作者鮮能備之唯陸探微及衛協備之矣窮理盡性事絕言象包前孕後古今獨立非激揚可至銓量之極乎上品之上亡地寄言故居標第一（第一品第一人）李嗣真云亡地寄言故居標第一此言過當但顧長康之迹可使陸君失步荀勗絕倒然則彌萬代蓍龜衡鏡者顧陸同居上品第一張懷瓘云顧陸及張僧繇評者各重其一皆為當矣陸公參靈酌妙動與神會筆迹勁利如錐刀焉秀骨清像似覺生動令人懍懍若對神明雖妙極象中而思不融乎墨外夫象人風骨張亞於顧陸也張得其肉陸得其骨顧得其神神妙亡方以顧為最比之書則顧陸鍾張也僧

繇逸少也俱爲古今獨絕豈可以品第拘彥遠以此論
爲當有宋孝武像宋明帝像孝武功臣竹林像豫章王像嚴龍像宋元徽像羊玄寶像宋景和像蟬雀圖
建安山陽王像巴陵王像江陵王像江夏王像建平王像江智淵王悅像王粹像王嗣像阮田夫像勳臣像孫
高麗像一人像勳賢像沈慶之像顧慶之像柳元景像王道隆像王翼之像沈曇慶醉像范惠景母子像高麗
赭白馬像阿難維摩圖瀏灕圖王瑩像朱异像麻超之徐僧寶像十一人圖五白馬圖劉亮騧馬圖獼猴圖齊
高帝像孔子像十弟子像宋元徽像鍾期圖榮啓期孔顏圖竟陵王像殷洪像任侯伯像釋僧虔像徐爰李獻
王凱像孫夐著高麗衣圖劉碩錢靈度像徐爰周飾之像謝超宗像宋桂陽王寵姬像劉牢之板像王獻之板
像天安寺惠明板像擣衣圖施倩林搖鏡像江智淵劉季之像太宰像靈基寺瑾統像蔡姬蕩舟圖詩新臺圖

闘鴨圖蕭史圖叙夢賦服乘圖竝傳於代者也
子綏中品謝云體運遒舉風力頓挫一點一拂動筆新奇
簡於繪事傳世蓋寡在第二品顧駿之下袁倩上朝臣像王
晏蕭寅像周盤龍麻紙畫立釋迦像傳於世
綏弟弘肅中品上姚最云早藉庭訓雖所得不多亦有家
法在張僧繇毛稜上
顧寶光中品上吳郡人善書畫大明中爲尚書水部郎見宋
書陸探微傳云司徒左曹掾謝云全法陸家事事宗稟方之綏倩則

優在第四品蘧道愍下王維史道碩上射雉圖豫章王像泰始名臣圖宋竟陵王像瑾公像鸂鶒圖張興像泰始勳臣像王翼之像勳賢像褚淵衣架圖天竺僧麻紙畫洛中車馬鬬鷄圖越中風俗圖並傳於世

宗炳字少文中品中南陽涅陽人善書畫江夏王義恭嘗薦炳於宰相前後辟召竟不就善琴書好山水西涉荆巫南登衡岳因結宇衡山懷尚平之志以疾還江陵歎曰噫老病俱至名山恐難遍遊唯當澄懷觀道卧以遊之凡所遊歷皆圖於壁坐卧向之其高情如此年六十九嘗自為畫山水序曰聖人含道暎物賢者澄懷味像至於山水質有而趣靈是以軒轅堯孔廣成大隗許由孤竹之流必有崆峒具茨藐姑箕首大蒙之遊焉又稱仁智之樂焉夫聖人以神法道而賢者通山水以形媚道而仁者樂不亦幾乎余眷戀廬衡契闊荆巫不知老之將至愧不能凝氣怡身傷跕石門之流於是畫象布色構兹雲嶺夫理絕於中古之上者可意求於千載之下旨微於言象之外者可心取於書策之內況乎身所

盤桓目所綢繆以形寫形以色貌色也且夫崑崙山之大瞳子之小迫目以寸則其形莫覩迥以數里則可圍於寸眸誠由去之稍濶則其見彌小今張綃素以遠暎則崑閬之形可圍於方寸之內豎劃三寸當千仞之高橫墨數尺體百里之迥是以觀畫圖者徒患類之不巧不以制小而累其似此自然之勢如是則嵩華之秀玄牝之靈皆可得之於一圖矣夫以應目會心為理者類之成巧則目亦同應心亦俱會應會感神神超理得雖

復虛求幽巖何以加焉又神本亡端栖形感類理入影迹誠能妙寫亦誠盡矣於是閒居理氣拂觴鳴琴披圖幽對坐究四荒不違天勵之藂獨應無人之野峯岫嶢嶷雲林森眇聖賢暎於絕代萬趣融其神思余復何為哉暢神而已神之所暢孰有先焉見沈約宋書隱逸傳及炳別傳謝赫云炳於六法亡所遺善然含毫命素必有損益迹非准的意可師效在第六品劉紹祖下毛惠遠上彥遠曰既云必有損益又云非准的既云六法亡所遺善又云可

師效謝赫之評固不足采也且宗公高士也飄然物外情不可以俗畫傳其意旨嵇中散白畫孔子弟子像獅子擊象圖潁川先賢圖永嘉邑屋圖周禮圖惠持師像並傳於代凡七本

王微字景玄下品瑯琊臨沂人善書畫嘗居一屋讀書玩古不出十餘年與友人何偃書曰吾性知畫蓋鳴鵠識夜之機盤紆糺紛咸紀心目故山水之好一往迹求皆得髣髴竟不就辟世祖以貞栖絕俗贈祕書監微作敘畫一篇其畧曰辱顏光祿書以圖畫非止藝行成當與

易象同體而工篆隸者自以書巧為高欲其並辯藻繪覈其攸同夫言繪畫者竟求容勢而已且古人之作畫也非以案城域辯方州標鎮阜劃浸流本乎形者融靈而動者變心止靈亡見故所託不動目有所極故所見不周於是乎以一管之筆擬太虛之體以判軀之狀畫寸眸之明曲以為嵩高趣以為方丈以友之畫齊乎太華枉之點表夫隆準眉額頰輔若晏笑兮孤巖鬱秀若吐雲兮橫變縱化故動生焉前矩後方出焉然後宮觀

舟車器以類聚犬馬禽魚物以狀分此畫之致也望秋
雲神飛揚臨春風思浩蕩雖有金石之樂珪璋之琛豈
能髣髴之哉披圖按牒效異山海綠林揚風白水激澗
嗚呼豈獨運諸指掌亦以明神降之此畫之情也宋書有傳
及王智深宋紀序在別傳謝赫云微與史道碩並師荀衛王得其意
史傳其似在顧寶光下彥遠論曰圖畫者所以鑒戒賢
愚怡悅情性若非窮玄妙於意表安能合神變乎天機
宗炳王微皆擬迹巢由放情林壑與酒琴而俱適縱烟
霞而獨往各有畫序意遠迹高不知畫者難可與論因

著于篇以俟知者
謝莊字希逸陳郡陽夏人幼有才學初為始興王濬後
軍參軍性多巧思善畫制木方丈圖天下山川土地各
有分理離之則州郡殊合之則寓內為一作畫琴帖序
自序其畫云泰始二年卒官至光祿大夫散騎常侍兼
中書令年四十六贈右光祿大夫謚憲子見宋書又莊集
袁倩中品上謝云北面陸氏最為高足象人之妙亞美前

修但守師法不出新意其於婦人特為古拙在第二品

陸綏下姚曇度上 徐令麻紙豫章王像張暢等像王抗碁圖會獸圖正聲伎圖御臨軒圖朝臣十二人圖吳楚夜踏歌圖豫章王宴賓圖天女白畫東晉高僧白畫二龍圖貌三人像不題名字並冠武弁有太清年月並行於世又維摩詰變一卷百有餘事運思高妙六法備呈置位無差若神靈感會精光指顧得瞻仰威容前使顧陸知慙後得張閻駭歎又有蒼梧圖傳於前代也

倩于質姚最云風力爽俊不墜家聲始踰志學之年便嬰顛癇之疾曽見莊周木雁圖卞和抱璞圖筆勢勁健繼父之美若方之體物則伯仁龍馬之詞比之書翰則

長允狸骨之方雖語迹異途而妙理同歸一致

史敬文 中品上 黃帝昇仙圖梁冀人馬畫張平子西京賦圖並傳於代

史藝 下品 屈原漁父圖王羲之像孫綽像並傳於代

劉斌 下品 詩黍離圖傳於代

尹長生 下品 或作尹邑生 駱簡像山陰公主像南朝貴戚圖車馬圖並傳於代

顧駿之 中品 嚴公等像並傳於代

康允之 中品

顧景秀 中品上 宋武帝時畫手也在陸探微之先居武帝

左右武帝嘗賜何戢蟬雀扇是景秀畫後戢為呉興太守齊高帝求好畫扇戢持獻之陸探微顧寶光見之皆歎其巧絶宋文帝像宋謝琨兄弟四人像晉中興帝相像王獻之竹圖劉牢之小兒圖鵁鶄圖王僧綽像蟬雀麻紙圖鸂鶒畫扇樹相雜竹懷香畫孫公命將圖名臣圖刺虎圖小兒戲鵝圖或云是畫昭明太子王謝諸賢圖陸機詩圖並傳於代謝云神韻氣力不足前修筆精謹細則逾往烈始變古體創為今範賦彩制形皆有新意扇畫蟬雀自景秀始也宋大明中莫敢與競在第二品陸綏上彦遠按大明中有顧寶光景秀豈得獨擅也

呉暕下品謝云體法雅媚制置才巧擅美當年有聲京洛在第二品江僧寶下

張則下品謝云意態宏逸動筆新奇在呉暕下

劉允祖下品官至尚書吏部郎謝云蟬雀特畫微妙筆迹超越爽俊不凡在第三品晉明帝下

允祖弟紹祖下品官至晉太康太守謝云善於傳寫不閑構思鳩斂卷秩近將兼兩宜有草創綜於衆本筆跡調快勁滑有餘然傷於師工乏其士體其於模寫特為精

家

允祖子璞姚最云體運精研亞於允祖在梁元帝下

蔡斌 下品下遊仙圖蘇武像並傳於代

濮萬年 下品蘇門先生圖名臣像傳於代

萬年弟道輿 下品列女辯通圖傳於代

史粲 中品上馬勢白畫八駿圖傳於代

宋僧辯 下品

褚靈石 下品

范惟賢 諸家並不載品第唯南齊高帝集名畫曰十二人自陸至范惟賢亦未見其迹

歷代名畫記卷六

歷代名畫記卷七

唐　張彥遠　撰

南齊

宗測字敬微炳之孫也（炳已具第六卷）代居江陵不應辟召驃騎將軍豫章王嶷請為參軍測荅曰何得謬傷海鳥橫斤山木性善書畫傳其祖業志欲遊名山乃寫祖炳所畫尚子平圖於壁隱廬山居炳舊宅畫阮籍遇孫登於行障上坐臥對之又畫永業寺佛影臺皆稱臻絕（見南齊記）

劉係宗丹陽人少便書畫在宋為景陵王子景粹侍書入齊為東宮侍書官至驃騎將軍宣城太守（南齊書具載）

姚曇度（中品上）謝云畫有逸才巧變鋒出魑魅鬼神皆為妙絕雅鄭兼善英奇俊拔天挺生知出人意表雖然洪纖循短往往有失在第三品袁倩下顧生上

曇度子不知名出家法號惠覺（下品）姚最云丹青之用繼父之美定其優劣嵇聶之流（有殷洪像白馬寺寶臺樣行於代）

蘧道愍下品謝云與章繼伯並善寺壁兼能畫扇人馬數分毫釐不失別體之妙可謂入神蘧始師章氷寒於水

道愍外甥沙門僧珍師道愍之畫中品上姚最云稽聶之流與惠覺同品有姜嫄等像豫章王像康居人馬傳於代

章繼伯下品謝云與蘧同品籍田圖絹長三丈傳於代

范懷珍中品或作懷窔或作懷堅渥洼馬圖孝子屛風行於代

鍾宗之下品王攸之等像王柳等像王獻之像行於代

王奴下品嘯賦圖行於代

王殿下品曹長孺真列女傳母儀圖三馬圖敗春圖傳於代

戴蜀中品下孝子圖息嬀圖傳於代

陳公恩下品列女貞節圖列女仁智圖朱買臣圖傳於代

陶景真中品下孔雀鸚鵡圖虎豹圖傳於代

張季和下品遊清池圖傳於代

沈標下品姚最云亡所偏善觸類涉習留意鉛華亦有可觀

謝赫中品下姚最云點刷精研意存形似寫貌人物不俟

對看所須一覽便歸操筆目想毫髮皆亡遺失麗服靚
粧隨時變改直眉曲鬢與時競新别體細微多從赫始
遂使委巷逐末皆類效顰至於氣韻精靈未窮生動之
致筆路纖弱不副雅壯之懷然中興已來象人為最在
沈標下毛惠秀上 安期先生圖傳於代
沈粲下品 姚最云筆迹調媚專工綺羅屏障所圖頗有情
趣在張僧繇上 彥遠云專工綺羅亡所他善不合在僧繇上
丁光謝云雖擅名蟬雀筆跡輕羸非不精謹乏其生氣

彥遠云若以蟬雀微藝況又輕羸則猥劇畫流固有慚色
周曇研沙門彥悰云師塞北勤授曹仲達比曹不足方
塞有餘 塞北勤未詳
謝惠連中品中 陳郡陽夏人幼有詞學族兄靈運歎服之
官至司徒府參軍以疎放久不從宦年二十書畫竝妙
南齊書具載
謝約下品 孫暢之云綜弟也為衛尉參軍范史為傳善山
水 大山圖并聲妓樂器圖傳於代

虞堅 下品

丁寬 下品

劉瑱字士温 下品 彭城人少聰慧多才藝工書畫飲酒至數斗畫嬪嬙當代第一官至吏部郎 見南齊書 謝云用意綿密畫體簡細筆力困弱制置單省婦人最佳但纖削過差翻為失真然玩之詳熟甚有姿態 擣衣圖劉長史圖少年行樂圖朝臣圖吳中行舟圖並傳於代

毛惠遠 中品上 滎陽陽武人善畫馬時劉瑱善畫婦人並當代第一官至少府卿市青碧一千二百斤供御畫用錢六十五萬有言惠遠納利者世祖勑尚書評價貴二十八萬殺之後家徒壁立上悔痛之 見蕭子顯齊書 謝云畫體周贍亡適不諧出意無窮縱橫絡繹位置經畧尤難比傳筆力遒媚超邁絕倫其於倏忽揮霍必也極妙至於定質塊然翻未盡善鬼神及馬泥滯於時 彥遠按南齊史稱惠遠畫馬第一謝乃云泥滯於時曾見酒客圖是宮卷後有題記筆迹之外頗有風格意匠師於顧酒客圖刀戟圖中朝名士圖刀戟戲圖七賢藤紙圖褚白馬圖騎馬變勢圖葉公好龍圖並傳於代

惠遠弟惠秀下品下永明中待詔祕閣世祖將北伐命惠秀畫漢武北伐圖中書郎王融監掌其事融好功名秀又善圖畫成帝極珍貴置瑯琊臺上每披玩焉見南齊書姚最云繪事詳悉太自矜持翻成羸鈍遒勁不及於惠遠精細有過於稜矣併除圖刻中谿谷邮墟圖胡僧圖釋迦十弟子圖二疏圖傳於代

惠遠子稜姚最云便速有餘真巧不足善於布置比之叔父則牀下安牀

梁

元帝蕭繹字世誠中品武帝第七子初生便眇一目聰慧俊朗博涉技藝天生善書畫初封湘東王後乃即位年四十七追號元帝廟號世祖嘗畫聖僧武帝親為贊之任荊州刺史日畫蕃客入朝圖帝極稱善梁書俱載又畫職貢圖并序善畫外國來獻之事序具本集姚最云湘東天挺生知學窮性表心師造化象人特盡神妙心敏手運不加點理聽訟之暇衆藝之餘時遇揮毫造化驚絶足使荀衛閣筆袁陸韜翰游春苑白麻紙圖鹿圖師利像鶼鶴陂澤圖芙蓉醮鼎圖並有題印

傳於後

元帝長子方等字實相尤能寫真坐上賓客隨意點染即成數人間童兒皆識之後因戰歿年二十二贈侍中中軍將軍揚州刺史謚忠莊太子（見梁書及三國典畧龍馬出渥洼圖）

蕭大連字仁靖簡文帝第五子少俊爽風流有巧思洞達音律工丹青初封臨海縣公官至東揚州刺史輕車將軍大寶元年封南郡王年二十五（見梁書）

蕭賁字文奐（下品）蘭陵人多詞學工書畫曾於扇上畫山

水咫尺内萬里可知仕梁為河東太守（見梁書）姚最云雅性精密後來難比含毫命素動必依真學不為人自娛而已人間罕見其迹

陸杲字明霞（中品上）吳郡人也好詞學信佛理工書畫與舅張融齊名初仕齊後入梁官至特進揚州大中正（見梁書）謝云體致不凡跨邁流俗時有合作往往出人點畫之間動褋灰琯傳於代者蓋寡

陶弘景字通明丹陽秣陵人幼有異操年十歲得葛洪

神仙傳便有長生之志喜琴棋工草隸徵為諸王侍讀永明十年辭祿遂止於句曲山自號華陽隱居好著述明衆藝善書畫大同二年卒年八十五贈中散大夫謚曰貞白先生（見梁書處士傳）武帝嘗欲徵用隱居畫二牛一以金籠頭牽之一則逶迤就水草梁武知其意不以官爵逼之朝廷有事多詢之號山中宰相

張僧繇（上品中）吳中人也天監中為武陵王國侍郎直祕閣知畫事歷右軍將軍吳興太守武帝崇飾佛寺多命

僧繇畫之時諸王在外武帝思之遣僧繇乘傳寫貌對之如面也江陵天皇寺明帝置內有柏堂僧繇畫盧舍那佛像及仲尼十哲帝怪問釋門內如何畫孔聖僧繇曰後當賴此耳及後周滅佛法焚天下寺塔獨以此殿有宣尼像乃不令毀拆又金陵安樂寺四白龍不點眼睛每云點睛即飛去人以為妄誕固請點之須臾雷電破壁兩龍乘雲騰去上天二龍未點眼者見在初吳曹不興圖青谿龍僧繇見而鄙之乃廣其像於武帝龍泉

亭其畫草留在祕閣時未之重至太清中震龍泉亭遂失其壁方知神妙又畫天竺二胡僧因侯景亂散坼為二後一僧為唐右常侍陸堅所寶堅疾篤夢一胡僧告云我有同侶離坼多時今在洛陽李家若求合之當以法力助君陸以錢帛果於其處購得疾乃愈劉長卿為記述其事張畫所有靈感不可具記（彥遠家有僧繇定光如來像元和中進入內曾見維摩詰并二菩薩妙極者也）姚最云善圖寺壁超越羣公價等曇度朝衣野服古今不失奇形異貌殊方夷夏皆參其

妙唯公及私手不釋筆俾晝作夜未嘗倦怠數紀之內亡須臾之間然聖賢矖矚猶之神氣豈可求備於一人雖云晚出殆亞前哲在沈粲下（彥遠以此評最謬）李嗣真云顧陸已往鬱為冠冕盛稱後葉獨有僧繇今之學者望其塵躅如周孔焉何寺塔之云乎且顧陸人物衣冠信稱絕作未覩其餘至於張公骨氣奇偉師模宏遠豈唯六法精備實亦萬類皆妙千變萬化詭狀殊形經諸目運諸掌得之心應之手意者天降聖人為後生則何以制

作之妙擬於陰陽者乎請與顧陸同居上品張懷瓘云
姚最稱雖云後生殆亞前品未為知音之言且張公思
若湧泉取資天造筆纔一二而像已應焉周材取之今
古獨立象人之妙張得其肉陸得其骨顧得其神清谿宮水怪圖吳主格虎圖維摩詰像橫泉鬬龍圖昆明二龍圖行道天王圖漢代射蛟圖雜人馬兵刀圖朱异像羊鴉仁躍馬圖摩衲仙人圖梁北郊圖梁武帝像梁宮人射雉圖定光佛像醉僧圖田舍舞圖詠梅圖並傳於代者
也

僧䌛子善果中品或作張果李嗣真云既漸過庭之訓猶是名
家之駒摽置點拂殊多佳致時有合作亂直於父若長
轡遠途迹不迨意一篇之中自有玉石在田陽之下鄭
法輪之上悉達太子納妃圖靈嘉寺塔樣傳於代
善果弟儒童中品上釋迦會圖寶積經變傳於代
袁昂字千里中品上陳郡陽夏人仕齊為祕監黃門侍郎
幼以孝稱頗善畫入梁官至中書監年八十贈侍中特
進謚曰穆正見梁書僧悰云稟則鄭公亡所失墜綺羅一
絕超彼常倫

焦寶願下品姚最云早遊張謝靳固不傳傍求造請事均盜道衣制樹色皆自新意點黛施朱輕重不失在毛稜上嵇寶鈞下

嵇寶鈞下品姚最云雖亡師範而意兼眞俗賦彩鮮麗觀之悅情彥遠以畫性所貴天然何必師範

聶松下品梁帝云與嵇同品言其優劣僧繇之亞在解倩上文道林像傳於代

解倩中品下姚最云全法蘧章筆力不及通變巧捷寺壁

最長丁貴人彈曲項琵琶圖五天人像九子魔圖傳於代

陸整中品上御像傳於代

江僧寶中品下謝赫云斟酌袁陸親漸朱藍用筆骨鯁甚有師法象人外亡所長在第三品戴逵下吳暕上臨軒圖御像職貢圖小兒戲鵝圖並有陳朝年號傳於代

光宅寺僧威公中品姚最云下筆為京洛所知

僧吉底俱外國人中品

僧摩羅菩提亦外國人中品

僧迦佛陀（中品）禪師天竺人學行精慤靈感極多初在魏魏帝重之至隋隋帝於嵩山起少林寺至今房門上有畫神即是迦佛陀之迹（見續高僧傳有蒳蘇國人物圖器物樣外國獸圖鬼神畫並傳於代）姚最云已上三僧既華夷殊體亡以知其優劣（彥遠按梁書外國傳云干陁利國王瞿曇備跋陁羅者亦工畫其國在南海洲上天監元年四月八日瞿曇夢一僧相告云中國今有聖主十年內佛法大興汝可朝貢不然則汝國不安夢中與僧同到中國見梁天子覺而異之記得梁主形貌命筆寫之遂遣使并本國畫工請寫高祖真上許之使還本國陁羅以高祖真類己畫者盛之寶函日加禮敬以外國能畫故附此記云）

總校官候補知府臣葉佩蓀
校對官中書臣盧遂
謄錄監生臣趙應錞